This gift log belongs to :

....

....

....

Gift Log

Date	Gift Description	Given By	Thank-You Card Sent ?
			♡
			♡
			♡
			♡
			♡
			♡
			♡
			♡
			♡
			♡
			♡
			♡
			♡
			♡
			♡
			♡
			♡
			♡
			♡
			♡
			♡

Notes

_____
_____
_____
_____
_____
_____

Gift Log

Date	Gift Description	Given By	Thank-You Card Sent ?
			♡
			♡
			♡
			♡
			♡
			♡
			♡
			♡
			♡
			♡
			♡
			♡
			♡
			♡
			♡
			♡
			♡
			♡
			♡
			♡
			♡

Notes

Gift Log

Date	Gift Description	Given By	Thank-You Card Sent ?
			♡
			♡
			♡
			♡
			♡
			♡
			♡
			♡
			♡
			♡
			♡
			♡
			♡
			♡
			♡
			♡
			♡
			♡
			♡
			♡
			♡

Notes

_____

_____

_____

_____

_____

_____

Gift Log

Date	Gift Description	Given By	Thank-You Card Sent ?
			♡
			♡
			♡
			♡
			♡
			♡
			♡
			♡
			♡
			♡
			♡
			♡
			♡
			♡
			♡
			♡
			♡
			♡
			♡
			♡
			♡

Notes

_____

_____

_____

_____

_____

_____

Gift Log

Date	Gift Description	Given By	Thank-You Card Sent ?
			♡
			♡
			♡
			♡
			♡
			♡
			♡
			♡
			♡
			♡
			♡
			♡
			♡
			♡
			♡
			♡
			♡
			♡
			♡
			♡

Notes

_____

_____

_____

_____

_____

_____

Gift Log

Date	Gift Description	Given By	Thank-You Card Sent ?
			♡
			♡
			♡
			♡
			♡
			♡
			♡
			♡
			♡
			♡
			♡
			♡
			♡
			♡
			♡
			♡
			♡
			♡
			♡
			♡
			♡

Notes

_____

_____

_____

_____

_____

Gift Log

Date	Gift Description	Given By	Thank-You Card Sent ?
			♡
			♡
			♡
			♡
			♡
			♡
			♡
			♡
			♡
			♡
			♡
			♡
			♡
			♡
			♡
			♡
			♡
			♡
			♡
			♡
			♡

Notes

_____
_____
_____
_____
_____
_____

Gift Log

Date	Gift Description	Given By	Thank-You Card Sent ?
			♡
			♡
			♡
			♡
			♡
			♡
			♡
			♡
			♡
			♡
			♡
			♡
			♡
			♡
			♡
			♡
			♡
			♡
			♡
			♡
			♡

Notes

_____

_____

_____

_____

_____

Gift Log

Date	Gift Description	Given By	Thank-You Card Sent ?
			♡
			♡
			♡
			♡
			♡
			♡
			♡
			♡
			♡
			♡
			♡
			♡
			♡
			♡
			♡
			♡
			♡
			♡
			♡
			♡
			♡

Notes

_____

_____

_____

_____

_____

Gift Log

Date	Gift Description	Given By	Thank-You Card Sent ?
			♡
			♡
			♡
			♡
			♡
			♡
			♡
			♡
			♡
			♡
			♡
			♡
			♡
			♡
			♡
			♡
			♡
			♡
			♡
			♡
			♡

Notes

_____

_____

_____

_____

_____

_____

Gift Log

Date	Gift Description	Given By	Thank-You Card Sent ?
			♡
			♡
			♡
			♡
			♡
			♡
			♡
			♡
			♡
			♡
			♡
			♡
			♡
			♡
			♡
			♡
			♡
			♡
			♡
			♡
			♡

Notes
_____
_____
_____
_____
_____

Gift Log

Date	Gift Description	Given By	Thank-You Card Sent ?
			♡
			♡
			♡
			♡
			♡
			♡
			♡
			♡
			♡
			♡
			♡
			♡
			♡
			♡
			♡
			♡
			♡
			♡
			♡
			♡

Notes

_____

_____

_____

_____

_____

Gift Log

Date	Gift Description	Given By	Thank-You Card Sent ?
			♡
			♡
			♡
			♡
			♡
			♡
			♡
			♡
			♡
			♡
			♡
			♡
			♡
			♡
			♡
			♡
			♡
			♡
			♡
			♡
			♡
			♡

Notes

_____
_____
_____
_____
_____

Gift Log

Date	Gift Description	Given By	Thank-You Card Sent ?
			♡
			♡
			♡
			♡
			♡
			♡
			♡
			♡
			♡
			♡
			♡
			♡
			♡
			♡
			♡
			♡
			♡
			♡
			♡
			♡
			♡

Notes

_____

_____

_____

_____

_____

Gift Log

Date	Gift Description	Given By	Thank-You Card Sent ?
			♡
			♡
			♡
			♡
			♡
			♡
			♡
			♡
			♡
			♡
			♡
			♡
			♡
			♡
			♡
			♡
			♡
			♡
			♡

Notes
_____
_____
_____
_____
_____
_____

Gift Log

Date	Gift Description	Given By	Thank-You Card Sent ?
			♡
			♡
			♡
			♡
			♡
			♡
			♡
			♡
			♡
			♡
			♡
			♡
			♡
			♡
			♡
			♡
			♡
			♡
			♡
			♡
			♡

Notes

_____

_____

_____

_____

_____

Gift Log

Date	Gift Description	Given By	Thank-You Card Sent ?
			♡
			♡
			♡
			♡
			♡
			♡
			♡
			♡
			♡
			♡
			♡
			♡
			♡
			♡
			♡
			♡
			♡
			♡
			♡
			♡
			♡

Notes

_____
_____
_____
_____
_____
_____

Gift Log

Date	Gift Description	Given By	Thank-You Card Sent ?
			♡
			♡
			♡
			♡
			♡
			♡
			♡
			♡
			♡
			♡
			♡
			♡
			♡
			♡
			♡
			♡
			♡
			♡
			♡
			♡
			♡
			♡

Notes

_____

_____

_____

_____

_____

Gift Log

Date	Gift Description	Given By	Thank-You Card Sent ?
			♡
			♡
			♡
			♡
			♡
			♡
			♡
			♡
			♡
			♡
			♡
			♡
			♡
			♡
			♡
			♡
			♡
			♡
			♡
			♡
			♡

Notes

_____

_____

_____

_____

_____

Gift Log

Date	Gift Description	Given By	Thank-You Card Sent ?
			♡
			♡
			♡
			♡
			♡
			♡
			♡
			♡
			♡
			♡
			♡
			♡
			♡
			♡
			♡
			♡
			♡
			♡
			♡
			♡
			♡

Notes

_____

_____

_____

_____

_____

Gift Log

Date	Gift Description	Given By	Thank-You Card Sent ?
			♡
			♡
			♡
			♡
			♡
			♡
			♡
			♡
			♡
			♡
			♡
			♡
			♡
			♡
			♡
			♡
			♡
			♡
			♡
			♡
			♡

Notes

_____

_____

_____

_____

_____

Gift Log

Date	Gift Description	Given By	Thank-You Card Sent ?
			♡
			♡
			♡
			♡
			♡
			♡
			♡
			♡
			♡
			♡
			♡
			♡
			♡
			♡
			♡
			♡
			♡
			♡
			♡
			♡
			♡

Notes

_____

_____

_____

_____

_____

_____

Gift Log

Date	Gift Description	Given By	Thank-You Card Sent ?
			♡
			♡
			♡
			♡
			♡
			♡
			♡
			♡
			♡
			♡
			♡
			♡
			♡
			♡
			♡
			♡
			♡
			♡
			♡
			♡
			♡

Notes

_____

_____

_____

_____

_____

Gift Log

Date	Gift Description	Given By	Thank-You Card Sent ?
			♡
			♡
			♡
			♡
			♡
			♡
			♡
			♡
			♡
			♡
			♡
			♡
			♡
			♡
			♡
			♡
			♡
			♡
			♡
			♡

Notes

_____

_____

_____

_____

_____

Gift Log

Date	Gift Description	Given By	Thank-You Card Sent ?
			♡
			♡
			♡
			♡
			♡
			♡
			♡
			♡
			♡
			♡
			♡
			♡
			♡
			♡
			♡
			♡
			♡
			♡
			♡
			♡
			♡

Notes

_____

_____

_____

_____

_____

Gift Log

Date	Gift Description	Given By	Thank-You Card Sent ?
			♡
			♡
			♡
			♡
			♡
			♡
			♡
			♡
			♡
			♡
			♡
			♡
			♡
			♡
			♡
			♡
			♡
			♡
			♡
			♡
			♡
			♡

Notes

_____

_____

_____

_____

_____

Gift Log

Date	Gift Description	Given By	Thank-You Card Sent ?
			♡
			♡
			♡
			♡
			♡
			♡
			♡
			♡
			♡
			♡
			♡
			♡
			♡
			♡
			♡
			♡
			♡
			♡
			♡
			♡
			♡

Notes

_____

_____

_____

_____

_____

_____

Gift Log

Date	Gift Description	Given By	Thank-You Card Sent ?
			♡
			♡
			♡
			♡
			♡
			♡
			♡
			♡
			♡
			♡
			♡
			♡
			♡
			♡
			♡
			♡
			♡
			♡
			♡
			♡
			♡
			♡

Notes

_____

_____

_____

_____

_____

Gift Log

Date	Gift Description	Given By	Thank-You Card Sent ?
			♡
			♡
			♡
			♡
			♡
			♡
			♡
			♡
			♡
			♡
			♡
			♡
			♡
			♡
			♡
			♡
			♡
			♡
			♡
			♡
			♡

Notes

_____

_____

_____

_____

_____

Gift Log

Date	Gift Description	Given By	Thank-You Card Sent ?
			♡
			♡
			♡
			♡
			♡
			♡
			♡
			♡
			♡
			♡
			♡
			♡
			♡
			♡
			♡
			♡
			♡
			♡
			♡
			♡
			♡

Notes

_____

_____

_____

_____

_____

Gift Log

Date	Gift Description	Given By	Thank-You Card Sent ?
			♡
			♡
			♡
			♡
			♡
			♡
			♡
			♡
			♡
			♡
			♡
			♡
			♡
			♡
			♡
			♡
			♡
			♡
			♡
			♡
			♡

Notes

_____

_____

_____

_____

_____

Gift Log

Date	Gift Description	Given By	Thank-You Card Sent ?
			♡
			♡
			♡
			♡
			♡
			♡
			♡
			♡
			♡
			♡
			♡
			♡
			♡
			♡
			♡
			♡
			♡
			♡
			♡
			♡
			♡

Notes

_____

_____

_____

_____

_____

Gift Log

Date	Gift Description	Given By	Thank-You Card Sent ?
			♡
			♡
			♡
			♡
			♡
			♡
			♡
			♡
			♡
			♡
			♡
			♡
			♡
			♡
			♡
			♡
			♡
			♡
			♡
			♡
			♡

Notes

_____

_____

_____

_____

_____

Gift Log

Date	Gift Description	Given By	Thank-You Card Sent ?
			♡
			♡
			♡
			♡
			♡
			♡
			♡
			♡
			♡
			♡
			♡
			♡
			♡
			♡
			♡
			♡
			♡
			♡
			♡
			♡
			♡

Notes

_____
_____
_____
_____
_____
_____

Gift Log

Date	Gift Description	Given By	Thank-You Card Sent ?
			♡
			♡
			♡
			♡
			♡
			♡
			♡
			♡
			♡
			♡
			♡
			♡
			♡
			♡
			♡
			♡
			♡
			♡
			♡
			♡
			♡

Notes

_____

_____

_____

_____

_____

Gift Log

Date	Gift Description	Given By	Thank-You Card Sent ?
			♡
			♡
			♡
			♡
			♡
			♡
			♡
			♡
			♡
			♡
			♡
			♡
			♡
			♡
			♡
			♡
			♡
			♡
			♡
			♡

Notes

_____

_____

_____

_____

_____

_____

Gift Log

Date	Gift Description	Given By	Thank-You Card Sent ?
			♡
			♡
			♡
			♡
			♡
			♡
			♡
			♡
			♡
			♡
			♡
			♡
			♡
			♡
			♡
			♡
			♡
			♡
			♡
			♡
			♡

Notes

_____
_____
_____
_____
_____

Gift Log

Date	Gift Description	Given By	Thank-You Card Sent ?
			♡
			♡
			♡
			♡
			♡
			♡
			♡
			♡
			♡
			♡
			♡
			♡
			♡
			♡
			♡
			♡
			♡
			♡
			♡
			♡
			♡

Notes

_____
_____
_____
_____
_____
_____

Gift Log

Date	Gift Description	Given By	Thank-You Card Sent ?
			♡
			♡
			♡
			♡
			♡
			♡
			♡
			♡
			♡
			♡
			♡
			♡
			♡
			♡
			♡
			♡
			♡
			♡
			♡
			♡

Notes

Gift Log

Date	Gift Description	Given By	Thank-You Card Sent ?
			♡
			♡
			♡
			♡
			♡
			♡
			♡
			♡
			♡
			♡
			♡
			♡
			♡
			♡
			♡
			♡
			♡
			♡
			♡
			♡
			♡

Notes

_____

_____

_____

_____

_____

_____

Gift Log

Date	Gift Description	Given By	Thank-You Card Sent ?
			♡
			♡
			♡
			♡
			♡
			♡
			♡
			♡
			♡
			♡
			♡
			♡
			♡
			♡
			♡
			♡
			♡
			♡
			♡
			♡
			♡

Notes

_____
_____
_____
_____
_____

Gift Log

Date	Gift Description	Given By	Thank-You Card Sent ?
			♡
			♡
			♡
			♡
			♡
			♡
			♡
			♡
			♡
			♡
			♡
			♡
			♡
			♡
			♡
			♡
			♡
			♡
			♡
			♡
			♡

Notes

_____

_____

_____

_____

_____

_____

Gift Log

Date	Gift Description	Given By	Thank-You Card Sent ?
			♡
			♡
			♡
			♡
			♡
			♡
			♡
			♡
			♡
			♡
			♡
			♡
			♡
			♡
			♡
			♡
			♡
			♡
			♡
			♡
			♡

Notes

_____
_____
_____
_____
_____
_____

Gift Log

Date	Gift Description	Given By	Thank-You Card Sent ?
			♡
			♡
			♡
			♡
			♡
			♡
			♡
			♡
			♡
			♡
			♡
			♡
			♡
			♡
			♡
			♡
			♡
			♡
			♡
			♡
			♡

Notes

_____

_____

_____

_____

_____

Gift Log

Date	Gift Description	Given By	Thank-You Card Sent ?
			♡
			♡
			♡
			♡
			♡
			♡
			♡
			♡
			♡
			♡
			♡
			♡
			♡
			♡
			♡
			♡
			♡
			♡
			♡
			♡
			♡
			♡

Notes

_____

_____

_____

_____

_____

_____

Gift Log

Date	Gift Description	Given By	Thank-You Card Sent ?
			♡
			♡
			♡
			♡
			♡
			♡
			♡
			♡
			♡
			♡
			♡
			♡
			♡
			♡
			♡
			♡
			♡
			♡
			♡
			♡
			♡

Notes

Gift Log

Date	Gift Description	Given By	Thank-You Card Sent ?
			♡
			♡
			♡
			♡
			♡
			♡
			♡
			♡
			♡
			♡
			♡
			♡
			♡
			♡
			♡
			♡
			♡
			♡
			♡
			♡
			♡

Notes

_____

_____

_____

_____

_____

Gift Log

Date	Gift Description	Given By	Thank-You Card Sent ?
			♡
			♡
			♡
			♡
			♡
			♡
			♡
			♡
			♡
			♡
			♡
			♡
			♡
			♡
			♡
			♡
			♡
			♡
			♡
			♡
			♡

Notes

Gift Log

Date	Gift Description	Given By	Thank-You Card Sent ?
			♡
			♡
			♡
			♡
			♡
			♡
			♡
			♡
			♡
			♡
			♡
			♡
			♡
			♡
			♡
			♡
			♡
			♡
			♡
			♡
			♡

Notes

_____

_____

_____

_____

_____

_____

Gift Log

Date	Gift Description	Given By	Thank-You Card Sent ?
			♡
			♡
			♡
			♡
			♡
			♡
			♡
			♡
			♡
			♡
			♡
			♡
			♡
			♡
			♡
			♡
			♡
			♡
			♡
			♡
			♡

Notes

_____
_____
_____
_____
_____

Gift Log

Date	Gift Description	Given By	Thank-You Card Sent ?
			♡
			♡
			♡
			♡
			♡
			♡
			♡
			♡
			♡
			♡
			♡
			♡
			♡
			♡
			♡
			♡
			♡
			♡
			♡
			♡
			♡

Notes

_____
_____
_____
_____
_____
_____

Gift Log

Date	Gift Description	Given By	Thank-You Card Sent ?
			♡
			♡
			♡
			♡
			♡
			♡
			♡
			♡
			♡
			♡
			♡
			♡
			♡
			♡
			♡
			♡
			♡
			♡
			♡
			♡
			♡

Notes

_____

_____

_____

_____

_____

Gift Log

Date	Gift Description	Given By	Thank-You Card Sent ?
			♡
			♡
			♡
			♡
			♡
			♡
			♡
			♡
			♡
			♡
			♡
			♡
			♡
			♡
			♡
			♡
			♡
			♡
			♡
			♡
			♡

Notes

_____
_____
_____
_____
_____

Gift Log

Date	Gift Description	Given By	Thank-You Card Sent ?
			♡
			♡
			♡
			♡
			♡
			♡
			♡
			♡
			♡
			♡
			♡
			♡
			♡
			♡
			♡
			♡
			♡
			♡
			♡
			♡
			♡

Notes

_____

_____

_____

_____

_____

_____

Gift Log

Date	Gift Description	Given By	Thank-You Card Sent ?
			♡
			♡
			♡
			♡
			♡
			♡
			♡
			♡
			♡
			♡
			♡
			♡
			♡
			♡
			♡
			♡
			♡
			♡
			♡
			♡
			♡

Notes

Gift Log

Date	Gift Description	Given By	Thank-You Card Sent ?
			♡
			♡
			♡
			♡
			♡
			♡
			♡
			♡
			♡
			♡
			♡
			♡
			♡
			♡
			♡
			♡
			♡
			♡
			♡
			♡
			♡

Notes

_____

_____

_____

_____

_____

Gift Log

Date	Gift Description	Given By	Thank-You Card Sent ?
			♡
			♡
			♡
			♡
			♡
			♡
			♡
			♡
			♡
			♡
			♡
			♡
			♡
			♡
			♡
			♡
			♡
			♡
			♡
			♡

Notes

_____

_____

_____

_____

_____

Gift Log

Date	Gift Description	Given By	Thank-You Card Sent ?
			♡
			♡
			♡
			♡
			♡
			♡
			♡
			♡
			♡
			♡
			♡
			♡
			♡
			♡
			♡
			♡
			♡
			♡
			♡
			♡
			♡

Notes

_____

_____

_____

_____

_____

_____

Gift Log

Date	Gift Description	Given By	Thank-You Card Sent ?
			♡
			♡
			♡
			♡
			♡
			♡
			♡
			♡
			♡
			♡
			♡
			♡
			♡
			♡
			♡
			♡
			♡
			♡
			♡
			♡
			♡

Notes

_____
_____
_____
_____
_____

Gift Log

Date	Gift Description	Given By	Thank-You Card Sent ?
			♡
			♡
			♡
			♡
			♡
			♡
			♡
			♡
			♡
			♡
			♡
			♡
			♡
			♡
			♡
			♡
			♡
			♡
			♡
			♡
			♡

Notes

_____

_____

_____

_____

_____

Gift Log

Date	Gift Description	Given By	Thank-You Card Sent ?
			♡
			♡
			♡
			♡
			♡
			♡
			♡
			♡
			♡
			♡
			♡
			♡
			♡
			♡
			♡
			♡
			♡
			♡
			♡
			♡

Notes

_____

_____

_____

_____

_____

Gift Log

Date	Gift Description	Given By	Thank-You Card Sent ?
			♡
			♡
			♡
			♡
			♡
			♡
			♡
			♡
			♡
			♡
			♡
			♡
			♡
			♡
			♡
			♡
			♡
			♡
			♡
			♡
			♡

Notes

_____

_____

_____

_____

_____

Gift Log

Date	Gift Description	Given By	Thank-You Card Sent ?
			♡
			♡
			♡
			♡
			♡
			♡
			♡
			♡
			♡
			♡
			♡
			♡
			♡
			♡
			♡
			♡
			♡
			♡
			♡
			♡
			♡

Notes

_____

_____

_____

_____

_____

Gift Log

Date	Gift Description	Given By	Thank-You Card Sent ?
			♡
			♡
			♡
			♡
			♡
			♡
			♡
			♡
			♡
			♡
			♡
			♡
			♡
			♡
			♡
			♡
			♡
			♡
			♡
			♡
			♡

Notes

_____

_____

_____

_____

_____

Gift Log

Date	Gift Description	Given By	Thank-You Card Sent ?
			♡
			♡
			♡
			♡
			♡
			♡
			♡
			♡
			♡
			♡
			♡
			♡
			♡
			♡
			♡
			♡
			♡
			♡
			♡
			♡
			♡

Notes

_____

_____

_____

_____

_____

Gift Log

Date	Gift Description	Given By	Thank-You Card Sent ?
			♡
			♡
			♡
			♡
			♡
			♡
			♡
			♡
			♡
			♡
			♡
			♡
			♡
			♡
			♡
			♡
			♡
			♡
			♡
			♡
			♡

Notes

_____

_____

_____

_____

_____

Gift Log

Date	Gift Description	Given By	Thank-You Card Sent ?
			♡
			♡
			♡
			♡
			♡
			♡
			♡
			♡
			♡
			♡
			♡
			♡
			♡
			♡
			♡
			♡
			♡
			♡
			♡
			♡
			♡

Notes

_____

_____

_____

_____

_____

Gift Log

Date	Gift Description	Given By	Thank-You Card Sent ?
			♡
			♡
			♡
			♡
			♡
			♡
			♡
			♡
			♡
			♡
			♡
			♡
			♡
			♡
			♡
			♡
			♡
			♡
			♡
			♡
			♡

Notes

_____
_____
_____
_____
_____
_____

Gift Log

Date	Gift Description	Given By	Thank-You Card Sent ?
			♡
			♡
			♡
			♡
			♡
			♡
			♡
			♡
			♡
			♡
			♡
			♡
			♡
			♡
			♡
			♡
			♡
			♡
			♡
			♡
			♡

Notes

_____

_____

_____

_____

_____

_____

Gift Log

Date	Gift Description	Given By	Thank-You Card Sent ?
			♡
			♡
			♡
			♡
			♡
			♡
			♡
			♡
			♡
			♡
			♡
			♡
			♡
			♡
			♡
			♡
			♡
			♡
			♡
			♡
			♡

Notes
_____
_____
_____
_____
_____

Gift Log

Date	Gift Description	Given By	Thank-You Card Sent ?
			♡
			♡
			♡
			♡
			♡
			♡
			♡
			♡
			♡
			♡
			♡
			♡
			♡
			♡
			♡
			♡
			♡
			♡
			♡
			♡
			♡
			♡

Notes

Gift Log

Date	Gift Description	Given By	Thank-You Card Sent ?
			♡
			♡
			♡
			♡
			♡
			♡
			♡
			♡
			♡
			♡
			♡
			♡
			♡
			♡
			♡
			♡
			♡
			♡
			♡
			♡
			♡

Notes

_____

_____

_____

_____

_____

Gift Log

Date	Gift Description	Given By	Thank-You Card Sent ?
			♡
			♡
			♡
			♡
			♡
			♡
			♡
			♡
			♡
			♡
			♡
			♡
			♡
			♡
			♡
			♡
			♡
			♡
			♡
			♡
			♡

Notes

_____

_____

_____

_____

_____

_____

Gift Log

Date	Gift Description	Given By	Thank-You Card Sent ?
			♡
			♡
			♡
			♡
			♡
			♡
			♡
			♡
			♡
			♡
			♡
			♡
			♡
			♡
			♡
			♡
			♡
			♡
			♡
			♡
			♡

Notes

_____

_____

_____

_____

_____

Gift Log

Date	Gift Description	Given By	Thank-You Card Sent ?
			♡
			♡
			♡
			♡
			♡
			♡
			♡
			♡
			♡
			♡
			♡
			♡
			♡
			♡
			♡
			♡
			♡
			♡
			♡
			♡
			♡

Notes

_____

_____

_____

_____

_____

Gift Log

Date	Gift Description	Given By	Thank-You Card Sent ?
			♡
			♡
			♡
			♡
			♡
			♡
			♡
			♡
			♡
			♡
			♡
			♡
			♡
			♡
			♡
			♡
			♡
			♡
			♡
			♡
			♡

Notes

_____

_____

_____

_____

_____

Gift Log

Date	Gift Description	Given By	Thank-You Card Sent ?
			♡
			♡
			♡
			♡
			♡
			♡
			♡
			♡
			♡
			♡
			♡
			♡
			♡
			♡
			♡
			♡
			♡
			♡
			♡
			♡
			♡

Notes

_____

_____

_____

_____

_____

_____

Gift Log

Date	Gift Description	Given By	Thank-You Card Sent ?
			♡
			♡
			♡
			♡
			♡
			♡
			♡
			♡
			♡
			♡
			♡
			♡
			♡
			♡
			♡
			♡
			♡
			♡
			♡
			♡
			♡

Notes

_____

_____

_____

_____

_____

Gift Log

Date	Gift Description	Given By	Thank-You Card Sent ?
			♡
			♡
			♡
			♡
			♡
			♡
			♡
			♡
			♡
			♡
			♡
			♡
			♡
			♡
			♡
			♡
			♡
			♡
			♡
			♡
			♡

Notes

_____

_____

_____

_____

_____

Gift Log

Date	Gift Description	Given By	Thank-You Card Sent ?
			♡
			♡
			♡
			♡
			♡
			♡
			♡
			♡
			♡
			♡
			♡
			♡
			♡
			♡
			♡
			♡
			♡
			♡
			♡
			♡
			♡

Notes

_____
_____
_____
_____
_____

Gift Log

Date	Gift Description	Given By	Thank-You Card Sent ?
			♡
			♡
			♡
			♡
			♡
			♡
			♡
			♡
			♡
			♡
			♡
			♡
			♡
			♡
			♡
			♡
			♡
			♡
			♡
			♡
			♡

Notes

_____

_____

_____

_____

_____

Gift Log

Date	Gift Description	Given By	Thank-You Card Sent ?
			♡
			♡
			♡
			♡
			♡
			♡
			♡
			♡
			♡
			♡
			♡
			♡
			♡
			♡
			♡
			♡
			♡
			♡
			♡
			♡
			♡

Notes

_____

_____

_____

_____

_____

_____

Gift Log

Date	Gift Description	Given By	Thank-You Card Sent ?
			♡
			♡
			♡
			♡
			♡
			♡
			♡
			♡
			♡
			♡
			♡
			♡
			♡
			♡
			♡
			♡
			♡
			♡
			♡
			♡
			♡

Notes

_____
_____
_____
_____
_____
_____

Gift Log

Date	Gift Description	Given By	Thank-You Card Sent ?
			♡
			♡
			♡
			♡
			♡
			♡
			♡
			♡
			♡
			♡
			♡
			♡
			♡
			♡
			♡
			♡
			♡
			♡
			♡
			♡
			♡

Notes
_____
_____
_____
_____
_____
_____

Gift Log

Date	Gift Description	Given By	Thank-You Card Sent ?
			♡
			♡
			♡
			♡
			♡
			♡
			♡
			♡
			♡
			♡
			♡
			♡
			♡
			♡
			♡
			♡
			♡
			♡
			♡
			♡
			♡

Notes

_____

_____

_____

_____

_____

_____

Gift Log

Date	Gift Description	Given By	Thank-You Card Sent ?
			♡
			♡
			♡
			♡
			♡
			♡
			♡
			♡
			♡
			♡
			♡
			♡
			♡
			♡
			♡
			♡
			♡
			♡
			♡
			♡
			♡

Notes

_____

_____

_____

_____

_____

Gift Log

Date	Gift Description	Given By	Thank-You Card Sent ?
			♡
			♡
			♡
			♡
			♡
			♡
			♡
			♡
			♡
			♡
			♡
			♡
			♡
			♡
			♡
			♡
			♡
			♡
			♡
			♡
			♡

Notes

_____

_____

_____

_____

_____

Gift Log

Date	Gift Description	Given By	Thank-You Card Sent ?
			♡
			♡
			♡
			♡
			♡
			♡
			♡
			♡
			♡
			♡
			♡
			♡
			♡
			♡
			♡
			♡
			♡
			♡
			♡
			♡
			♡
			♡

Notes

_____
_____
_____
_____
_____
_____

Gift Log

Date	Gift Description	Given By	Thank-You Card Sent ?
			♡
			♡
			♡
			♡
			♡
			♡
			♡
			♡
			♡
			♡
			♡
			♡
			♡
			♡
			♡
			♡
			♡
			♡
			♡
			♡
			♡

Notes

_____

_____

_____

_____

_____

Gift Log

Date	Gift Description	Given By	Thank-You Card Sent ?
			♡
			♡
			♡
			♡
			♡
			♡
			♡
			♡
			♡
			♡
			♡
			♡
			♡
			♡
			♡
			♡
			♡
			♡
			♡
			♡
			♡

Notes

_____

_____

_____

_____

_____

Gift Log

Date	Gift Description	Given By	Thank-You Card Sent ?
			♡
			♡
			♡
			♡
			♡
			♡
			♡
			♡
			♡
			♡
			♡
			♡
			♡
			♡
			♡
			♡
			♡
			♡
			♡
			♡
			♡

Notes

_____

_____

_____

_____

_____

_____

Gift Log

Date	Gift Description	Given By	Thank-You Card Sent ?
			♡
			♡
			♡
			♡
			♡
			♡
			♡
			♡
			♡
			♡
			♡
			♡
			♡
			♡
			♡
			♡
			♡
			♡
			♡
			♡
			♡

Notes

_____

_____

_____

_____

_____

Gift Log

Date	Gift Description	Given By	Thank-You Card Sent ?
			♡
			♡
			♡
			♡
			♡
			♡
			♡
			♡
			♡
			♡
			♡
			♡
			♡
			♡
			♡
			♡
			♡
			♡
			♡
			♡
			♡

Notes

_____

_____

_____

_____

_____

Gift Log

Date	Gift Description	Given By	Thank-You Card Sent ?
			♡
			♡
			♡
			♡
			♡
			♡
			♡
			♡
			♡
			♡
			♡
			♡
			♡
			♡
			♡
			♡
			♡
			♡
			♡
			♡
			♡

Notes

_____

_____

_____

_____

_____

_____

Gift Log

Date	Gift Description	Given By	Thank-You Card Sent ?
			♡
			♡
			♡
			♡
			♡
			♡
			♡
			♡
			♡
			♡
			♡
			♡
			♡
			♡
			♡
			♡
			♡
			♡
			♡
			♡
			♡

Notes

_____

_____

_____

_____

_____

Gift Log

Date	Gift Description	Given By	Thank-You Card Sent ?
			♡
			♡
			♡
			♡
			♡
			♡
			♡
			♡
			♡
			♡
			♡
			♡
			♡
			♡
			♡
			♡
			♡
			♡
			♡
			♡

Notes
_____
_____
_____
_____
_____
_____

Gift Log

Date	Gift Description	Given By	Thank-You Card Sent ?
			♡
			♡
			♡
			♡
			♡
			♡
			♡
			♡
			♡
			♡
			♡
			♡
			♡
			♡
			♡
			♡
			♡
			♡
			♡
			♡
			♡

Notes

_____

_____

_____

_____

_____

Gift Log

Date	Gift Description	Given By	Thank-You Card Sent ?
			♡
			♡
			♡
			♡
			♡
			♡
			♡
			♡
			♡
			♡
			♡
			♡
			♡
			♡
			♡
			♡
			♡
			♡
			♡
			♡
			♡

Notes

_____

_____

_____

_____

_____

Gift Log

Date	Gift Description	Given By	Thank-You Card Sent ?
			♡
			♡
			♡
			♡
			♡
			♡
			♡
			♡
			♡
			♡
			♡
			♡
			♡
			♡
			♡
			♡
			♡
			♡
			♡
			♡
			♡

Notes

Gift Log

Date	Gift Description	Given By	Thank-You Card Sent ?
			♡
			♡
			♡
			♡
			♡
			♡
			♡
			♡
			♡
			♡
			♡
			♡
			♡
			♡
			♡
			♡
			♡
			♡
			♡
			♡
			♡

Notes

_____

_____

_____

_____

_____

_____

Gift Log

Date	Gift Description	Given By	Thank-You Card Sent ?
			♡
			♡
			♡
			♡
			♡
			♡
			♡
			♡
			♡
			♡
			♡
			♡
			♡
			♡
			♡
			♡
			♡
			♡
			♡
			♡
			♡

Notes

_____

_____

_____

_____

_____

_____

Gift Log

Date	Gift Description	Given By	Thank-You Card Sent ?
			♡
			♡
			♡
			♡
			♡
			♡
			♡
			♡
			♡
			♡
			♡
			♡
			♡
			♡
			♡
			♡
			♡
			♡
			♡
			♡
			♡

Notes

Gift Log

Date	Gift Description	Given By	Thank-You Card Sent ?
			♡
			♡
			♡
			♡
			♡
			♡
			♡
			♡
			♡
			♡
			♡
			♡
			♡
			♡
			♡
			♡
			♡
			♡
			♡
			♡
			♡

Notes

_____

_____

_____

_____

_____

_____

Gift Log

Date	Gift Description	Given By	Thank-You Card Sent ?
			♡
			♡
			♡
			♡
			♡
			♡
			♡
			♡
			♡
			♡
			♡
			♡
			♡
			♡
			♡
			♡
			♡
			♡
			♡
			♡

Notes

_____
_____
_____
_____
_____
_____

Gift Log

Date	Gift Description	Given By	Thank-You Card Sent ?
			♡
			♡
			♡
			♡
			♡
			♡
			♡
			♡
			♡
			♡
			♡
			♡
			♡
			♡
			♡
			♡
			♡
			♡
			♡
			♡
			♡

Notes

_____
_____
_____
_____
_____

Gift Log

Date	Gift Description	Given By	Thank-You Card Sent ?
			♡
			♡
			♡
			♡
			♡
			♡
			♡
			♡
			♡
			♡
			♡
			♡
			♡
			♡
			♡
			♡
			♡
			♡
			♡
			♡
			♡

Notes

_____
_____
_____
_____
_____
_____

Gift Log

Date	Gift Description	Given By	Thank-You Card Sent ?
			♡
			♡
			♡
			♡
			♡
			♡
			♡
			♡
			♡
			♡
			♡
			♡
			♡
			♡
			♡
			♡
			♡
			♡
			♡
			♡
			♡

Notes

_____

_____

_____

_____

_____

Gift Log

Date	Gift Description	Given By	Thank-You Card Sent ?
			♡
			♡
			♡
			♡
			♡
			♡
			♡
			♡
			♡
			♡
			♡
			♡
			♡
			♡
			♡
			♡
			♡
			♡
			♡
			♡
			♡

Notes

_____

_____

_____

_____

_____

Gift Log

Date	Gift Description	Given By	Thank-You Card Sent ?
			♡
			♡
			♡
			♡
			♡
			♡
			♡
			♡
			♡
			♡
			♡
			♡
			♡
			♡
			♡
			♡
			♡
			♡
			♡
			♡
			♡

Notes

_____

_____

_____

_____

_____

_____

Gift Log

Date	Gift Description	Given By	Thank-You Card Sent ?
			♡
			♡
			♡
			♡
			♡
			♡
			♡
			♡
			♡
			♡
			♡
			♡
			♡
			♡
			♡
			♡
			♡
			♡
			♡
			♡
			♡
			♡

Notes

_____

_____

_____

_____

_____

Gift Log

Date	Gift Description	Given By	Thank-You Card Sent ?
			♡
			♡
			♡
			♡
			♡
			♡
			♡
			♡
			♡
			♡
			♡
			♡
			♡
			♡
			♡
			♡
			♡
			♡
			♡
			♡
			♡

Notes

_____

_____

_____

_____

_____

Made in the USA
Columbia, SC
16 April 2022